Impressum
Verlag: BABADADA GmbH, Nedderfeld 112 , 22529 Hamburg
Geschäftsführer / Verlagsleitung: Harald Hof
Druck: Books on Demand GmbH, In de Tarpen 42, 22848 Norderstedt

Imprint
Publisher: BABADADA GmbH, Nedderfeld 112 , 22529 Hamburg, Germany
Managing Director / Publishing direction: Harald Hof
Print: Books on Demand GmbH, In de Tarpen 42, 22848 Norderstedt, Germany

AF221736

школа

okul

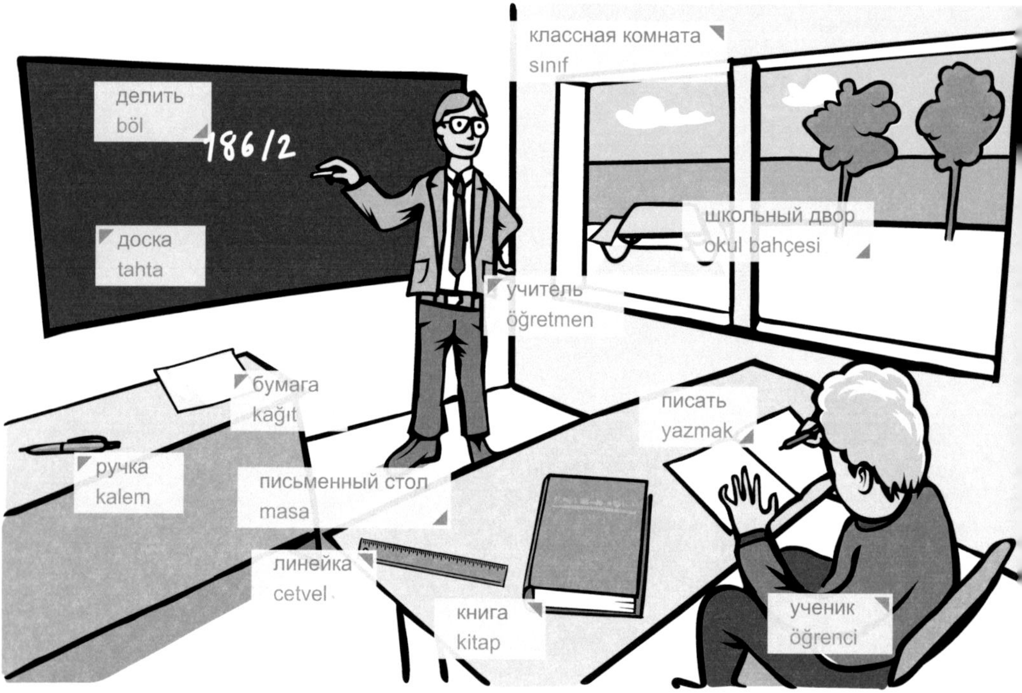

классная комната
sınıf
делить
böl
186/2
доска
tahta
школьный двор
okul bahçesi
учитель
öğretmen
бумага
kağıt
писать
yazmak
ручка
kalem
письменный стол
masa
линейка
cetvel
книга
kitap
ученик
öğrenci

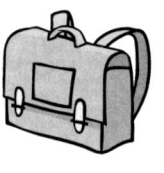

ранец

okul çantası

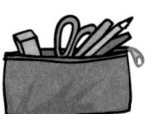

пенал

kalemlik

карандаш

kurşun kalem

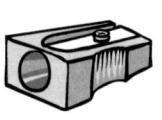

точилка

kalem açacağı

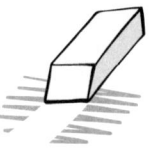

ластик

silgi

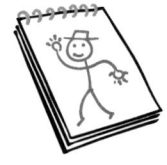

альбом для рисования

çizim defteri

рисунок

çizim

кисточка

resim fırçası

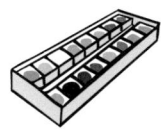

коробка красок

boya kutusu

ножницы

makas

клей

tutkal

тетрадь

alıştırma kitabı

домашняя работа

ödev

цифра

sayı

прибавлять

ekle

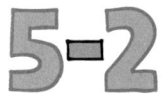

вычитать

çıkar

умножать

çarp

считать

hesapla

буква

harf

алфавит

alfabe

слово

kelime

текст

metin

читать

okumak

мел

tebeşir

урок

ders

классный журнал

kayıt

экзамен

sınav

диплом

sertifika

школьная форма

okul forması

образование

eğitim

энциклопедия

ansiklopedi

университет

üniversite

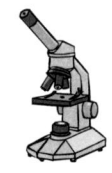

микроскоп

mikroskop

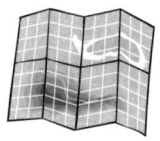

карта

harita

корзина для бумаг

kağıt çöp kutusu

путешествие
seyahat

гостиница
otel
Grand
турбаза
pansiyon
ROOMS
EXCHANGE
пункт обмена валюты
döviz bürosu
чемодан
bavul
автомобиль
otomobil

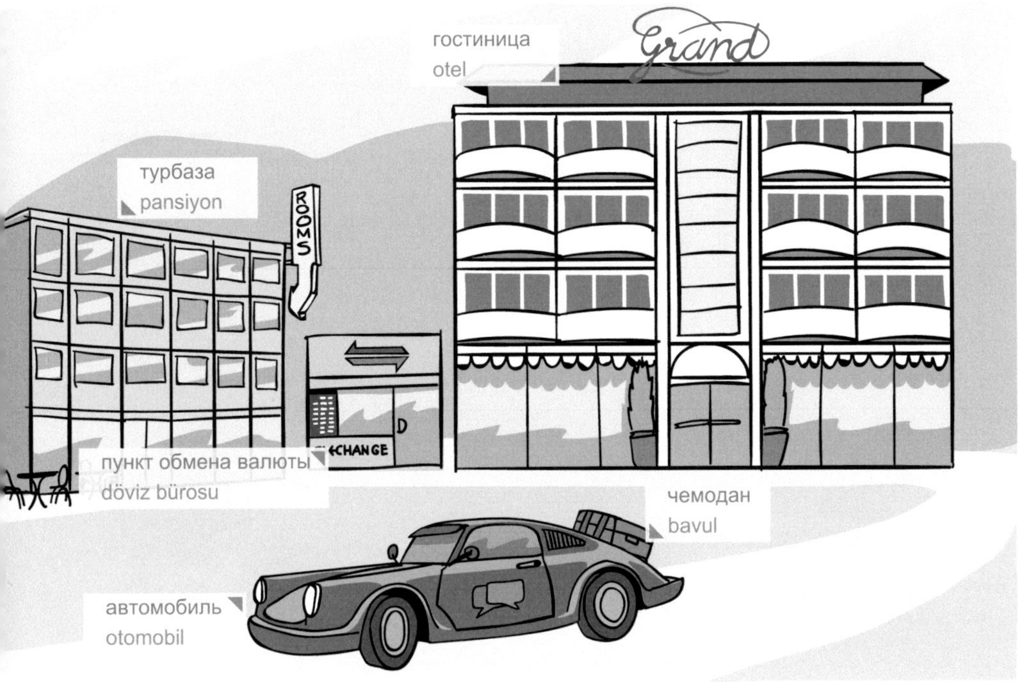

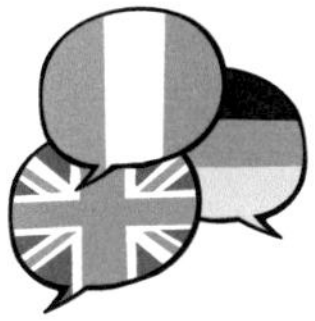

язык

dil

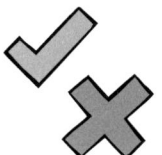

да / нет

evet / hayır

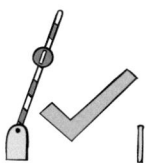

хорошо

Tamam

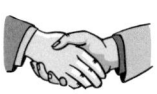

Привет

merhaba

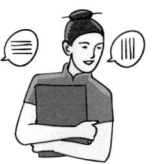

переводчик

çevirmen

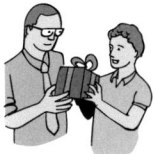

Спасибо

Teşekkür ederim

Сколько стоит…?

bu … ne kadar?

Я не понимаю

anlamadım

проблема

problem

Добрый вечер!

İyi akşamlar!

Доброе утро!

Günaydın!

Доброй ночи!

İyi geceler!

До свидания

güle güle

направление

yön

багаж

bagaj

сумка

çanta

рюкзак

sırt çantası

гость

misafir

комната

oda

спальный мешок

uyku tulumu

палатка

çadır

туристическая
информация
turist danışma

пляж

sahil

кредитная карточка

kredi kartı

завтрак

kahvaltı

обед

öğle yemeği

ужин

akşam yemeği

билет

Bilet

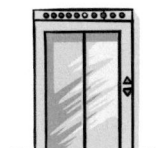

лифт

asansör

почтовая марка

pul

граница

sınır

таможня

gümrük

посольство

elçilik

виза

vize

паспорт

pasaport

транспорт
ulaşım

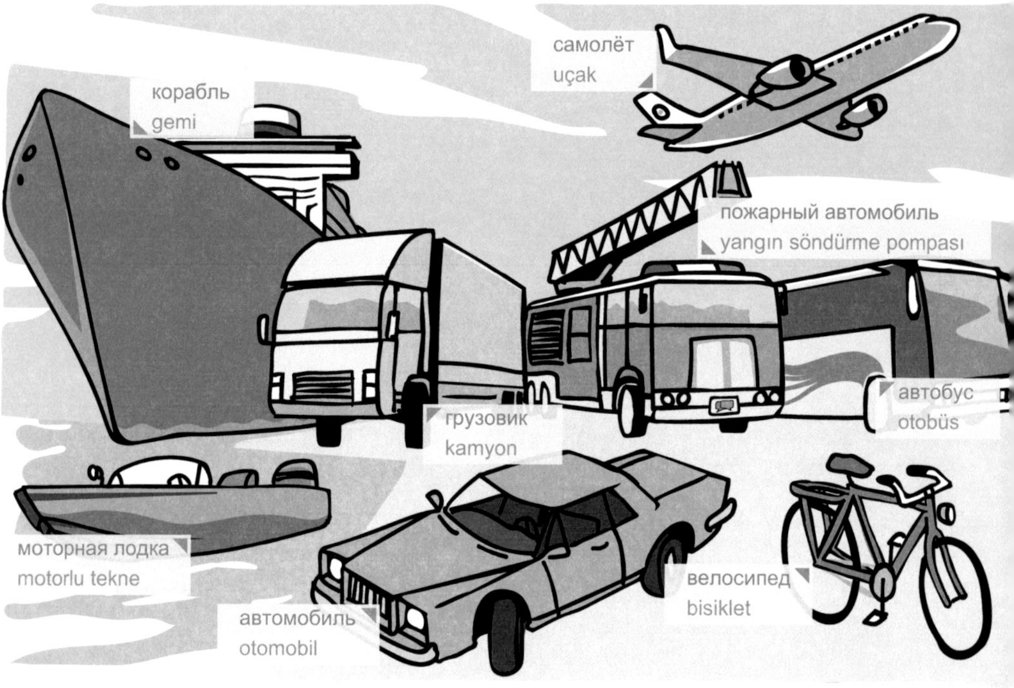

самолёт
uçak
корабль
gemi
пожарный автомобиль
yangın söndürme pompası
автобус
otobüs
грузовик
kamyon
моторная лодка
motorlu tekne
велосипед
bisiklet
автомобиль
otomobil

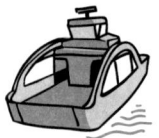

паром

feribot

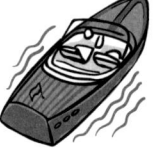

лодка

bot

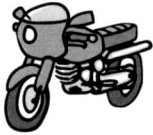

мотоцикл

motosiklet

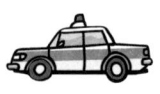

полицейский автомобиль

polis arabası

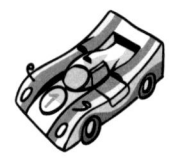

гоночный автомобиль

yarış arabası

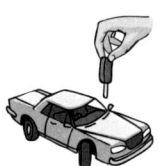

арендованный автомобиль

kiralık araba

совместное пользование
автомобилями
ortak araba

буксировочный
автомобиль
çekici

мусоровоз
çöp kamyonu

двигатель
motor

топливо
yakıt

заправка
benzinlik

дорожный знак
trafik işareti

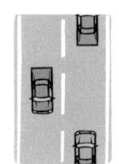

движение
trafik

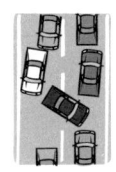

пробка
trafik sıkışıklığı

автостоянка
otopark

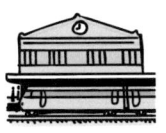

вокзал
tren istasyonu

рельсы
ray

поезд
tren

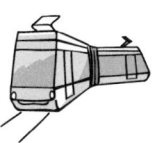

трамвай
tramvay

вагон
vagon

вертолёт

helikopter

аэропорт

havaalanı

вышка

kule

пассажир

yolcu

контейнер

konteyner

коробка

koli

тележка

yük arabası

корзина

sepet

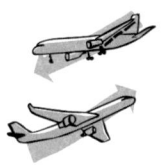

взлетать / приземляться

kalkış / iniş

город

şehir

деревня

köy

центр города

şehir merkezi

дом

ev

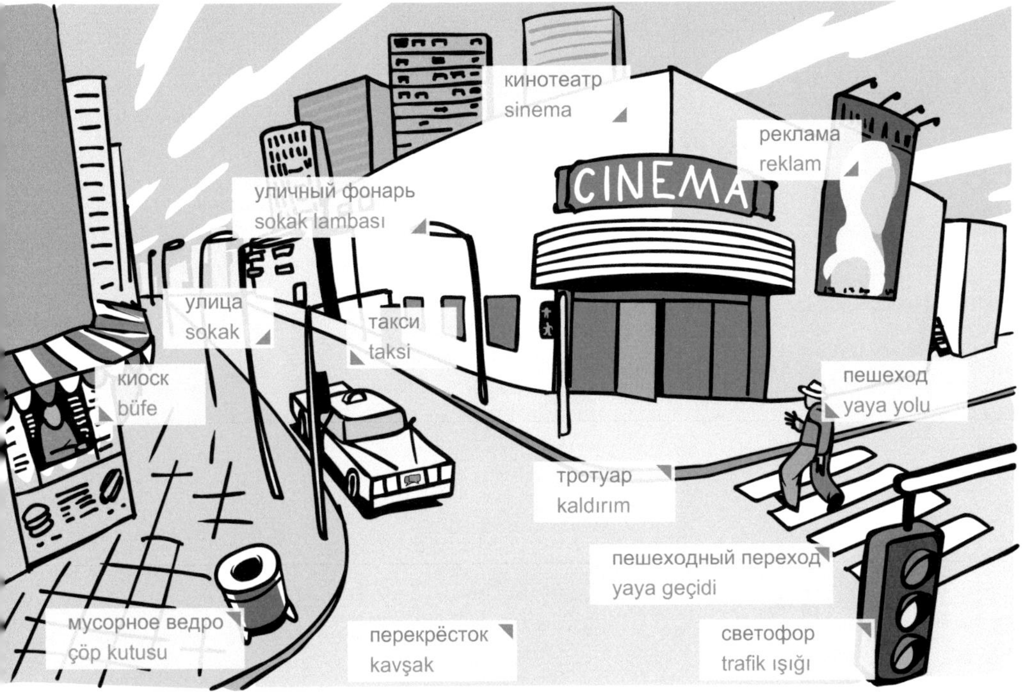

кинотеатр
sinema
реклама
reklam
CINEMA
уличный фонарь
sokak lambası
улица
sokak
такси
taksi
киоск
büfe
пешеход
yaya yolu
тротуар
kaldırım
пешеходный переход
yaya geçidi
мусорное ведро
çöp kutusu
перекрёсток
kavşak
светофор
trafik ışığı

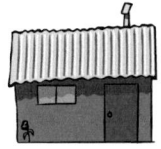

хижина

kulübe

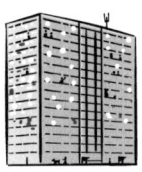

квартира

apartman dairesi

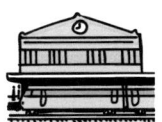

вокзал

tren istasyonu

ратуша

belediye binası

MUSEUM

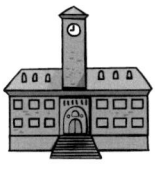

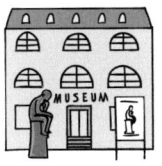

музей

müze

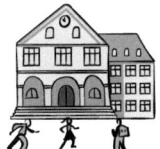

школа

okul

университет

üniversite

банк

banka

больница

hastane

гостиница

otel

аптека

eczane

офис

ofis

книжный магазин

kitapçı

магазин

mağaza

цветочный магазин

çiçekçi

супермаркет

süpermarket

рынок

market

универмаг

büyük mağaza

торговец рыбой

balık satıcısı

торговый центр

alışveriş merkezi

порт

liman

парк

park

скамейка

bank

мост

köprü

лестница

merdiven

метро

metro

тоннель

tünel

автобусная остановка

otobüs durağı

бар

bar

ресторан

restoran

почтовый ящик

posta kutusu

табличка с названием улицы

sokak tabelası

паркометр

otopark sayacı

зоопарк

hayvanat bahçesi

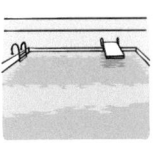

бассейн

yüzme havuzu

мечеть

cami

ферма

çiftlik

загрязнение окружающей
среды

kirlilik

кладбище

mezarlık

церковь

kilise

детская площадка

oyun alanı

храм

tapınak

ландшафт

arazi

лист
yaprak

дорожный указатель
yön tabelası

дорога
yol

луг
çayır

камень
taş

путешественник
yürüyüşçü

дерево
ağaç

река
ırmak

трава
çimen

цветок
çiçek

долина

vadi

гора

tepe

озеро

göl

лес

orman

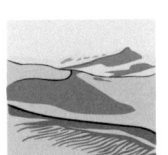

пустыня

çöl

вулкан

volkan

замок

kale

радуга

gökkuşağı

гриб

mantar

пальма

palmiye

комар

sivrisinek

муха

sinek

муравей

karınca

пчела

arı

паук

örümcek

жук

böcek

лягушка

kurbağa

белка

sincap

еж

kirpi

заяц

yabani tavşan

сова

baykuş

птица

kuş

лебедь

kuğu

кабан

yaban domuzu

олень

geyik

лось

geyik

плотина

baraj

ветряной генератор

rüzgar türbini

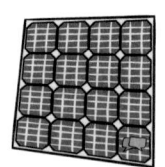

солнечная батарея

güneş paneli

климат

iklim

ресторан
restoran

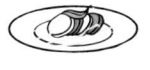

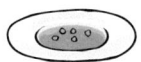

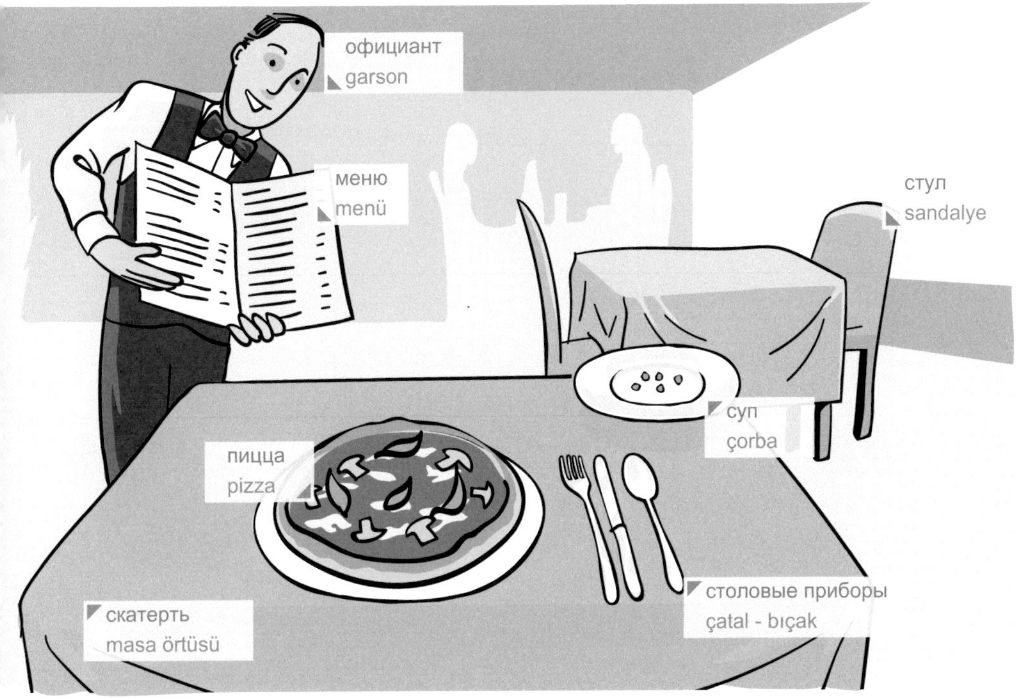
официант
garson
меню
menü
стул
sandalye
суп
çorba
пицца
pizza
столовые приборы
çatal - bıçak
скатерть
masa örtüsü

закуска

başlangıç

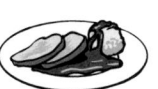

главное блюдо

ana yemek

десерт

tatlı

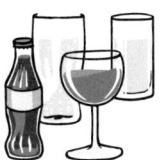

напитки

içecekler

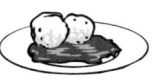

еда

yemek

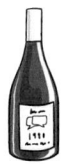

бутылка

şişe

фастфуд

fastfood

уличная еда

sokak yemeği

чайник

çaydanlık

сахарница

şekerlik

порция

porsiyon

кофеварка

espresso makinesi

детский стульчик

mama sandalyesi

счет

fatura

поднос

tepsi

нож

bıçak

вилка

çatal

ложка

kaşık

чайная ложка

çay kaşığı

салфетка

servis peçetesi

стакан

bardak

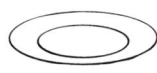

тарелка

tabak

суповая тарелка

çorba kasesi

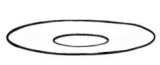

блюдце

fincan altlığı

соус

sos

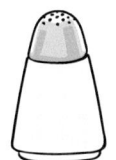

солонка

tuzluk

мельница для перца

karabiber değirmeni

уксус

sirke

масло

yağ

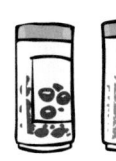

специи

baharat

кетчуп

ketçap

горчица

hardal

майонез

mayonez

супермаркет
süpermarket

специальное предложение
özel teklif
FOR
покупатель
müşteri
молочные продукты
süt ürünleri
фрукты
meyve
тележка для покупок
alışveriş arabası

BUTCHERS

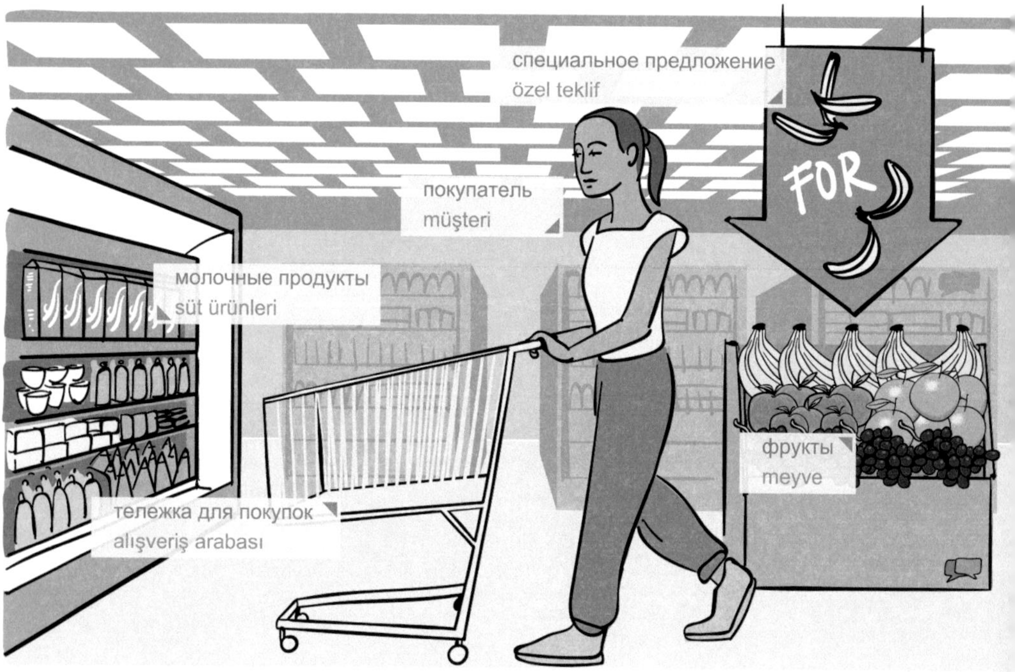

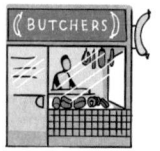

мясной магазин

kasap

BAKERY

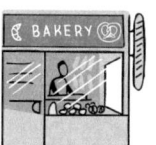

пекарня

fırın

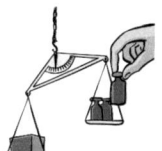

взвешивать

tartmak

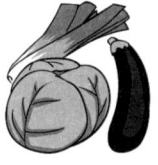

овощи

sebze

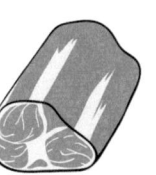

мясо

et

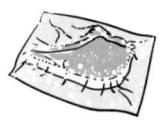

быстрозамороженные продукты

donmuş gıda

нарезка

söğüş et

консервы

konserve yiyecek

стиральный порошок

toz deterjan

сладости

şekerlemeler

предмет домашнего обихода

ev temizlik ürünleri

моющее средство

temizlik ürünleri

продавщица

satış görevlisi

касса

yazar kasa

кассир

kasiyer

список покупок

alışveriş listesi

время работы

açılış saatleri

бумажник

cüzdan

кредитная карточка

kredi kartı

сумка

çanta

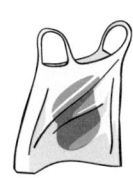

полиэтиленовый пакет

plastik poşet

вода

su

сок

meyve suyu

молоко

süt

кока-кола

kola

вино

şarap

пиво

bira

алкоголь

alkol

какао

kakao

чай

çay

кофе

kahve

эспрессо

espresso

капучино

kapuçino

банан

muz

яблоко

elma

апельсин

portakal

арбуз

kavun

лимон

limon

морковь

havuç

чеснок

sarımsak

бамбук

bambu

лук

soğan

гриб

mantar

орехи

çerez

лапша

makarna

спагетти

spagetti

рис

pirinç

салат

salata

картофель фри

cips

жареный картофель

patates kızartması

пицца

pizza

гамбургер

hamburger

сэндвич

sandviç

шницель

şinitzel

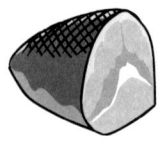

ветчина

pastırma

салями

salam

колбаса

sosis

курица

tavuk

жаркое

rosto

рыба

balık

овсяные хлопья

yulaf ezmesi

мюсли

müsli

кукурузные хлопья

mısır gevreği

мука

un

круассан

kruvasan

булочка

küçük ekmek

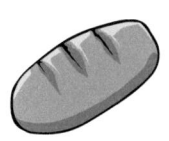

хлеб

ekmek

тост

tost

печенье

bisküvi

масло

tereyağı

творог

kaymak

пирог

kek

яйцо

yumurta

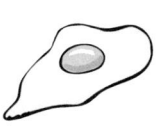

яичница

sahanda yumurta

сыр

peynir

мороженое

dondurma

сахар

şeker

мёд

bal

мармелад

reçel

крем с нугой

fındık ezmesi

карри

köri

ферма
çiftlik

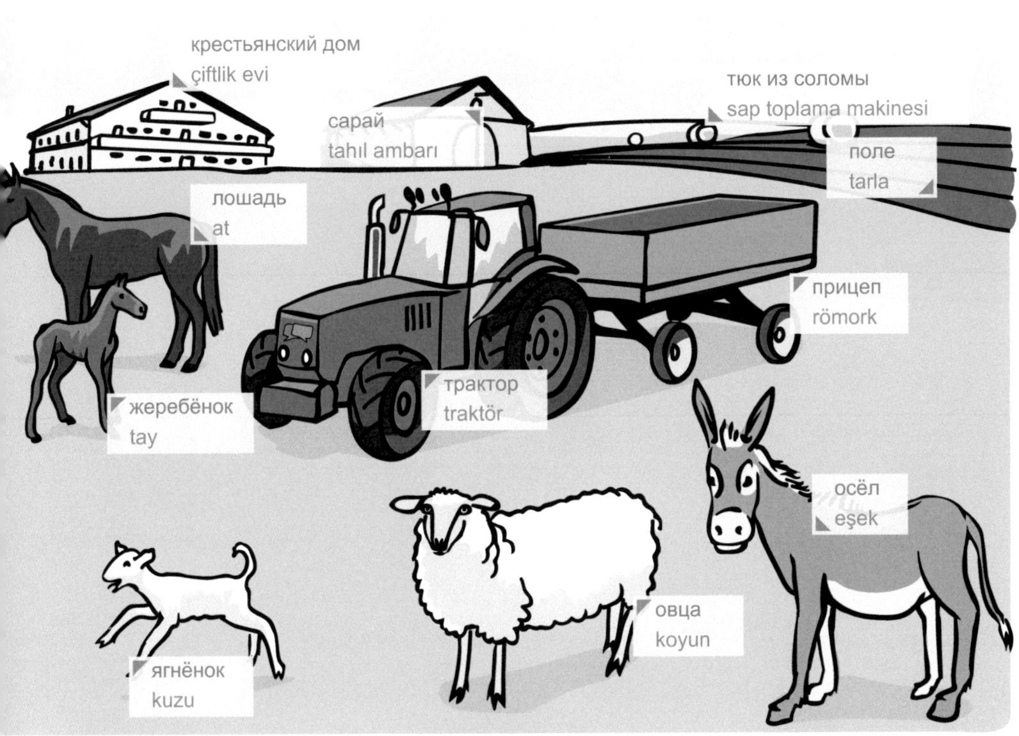
крестьянский дом
çiftlik evi
тюк из соломы
sap toplama makinesi
сарай
tahıl ambarı
поле
tarla
лошадь
at
прицеп
römork
трактор
traktör
жеребёнок
tay
осёл
eşek
овца
koyun
ягнёнок
kuzu

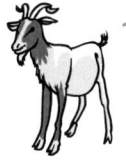

коза

keçi

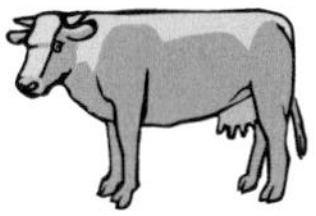

корова

inek

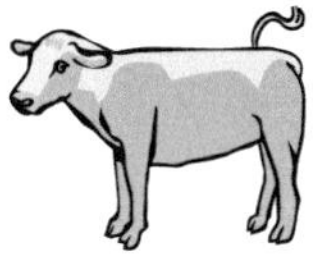

телёнок

buzağı

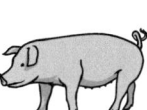

свинья

domuz

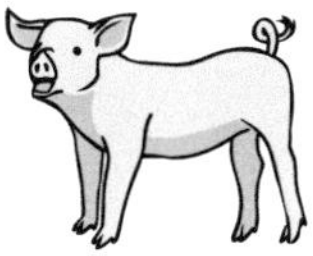

поросёнок

domuz yavrusu

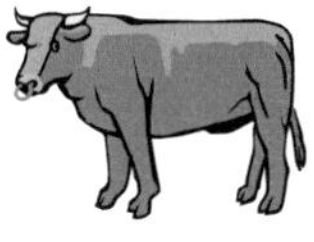

бык

boğa

гусь

kaz

утка

ördek

цыплёнок

civciv

курица

tavuk

петух

horoz

крыса

sıçan

кошка

kedi

мышь

fare

вол

öküz

собака

köpek

конура

köpek kulübesi

садовый шланг

bahçe hortumu

лейка

sulama kabı

коса

tırpan

плуг

pulluk

ферма - çiftlik

серп

orak

мотыга

çapa

навозные вилы

dirgen

топор

balta

тачка

el arabası

корыто

yemlik

бидон для молока

süt kovası

мешок

çuval

забор

çit

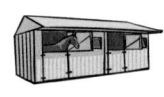

хлев

ahır

теплица

sera

почва

toprak

посев

tohum

удобрение

gübre

комбайн

biçerdöver

собирать урожай

hasat etmek

урожай

harman

ямс

tatlı patates

пшеница

buğday

соя

soya

картофель

patates

кукуруза

mısır

рапс

kolza

фруктовое дерево

meyve ağacı

маниок

manyok

злаки

hububat

дымоход
baca

крыша
çatı

водосточный желоб
yağmur oluğu

окно
pencere

гараж
garaj

звонок
kapı zili

дверь
kapı

мусорное ведро
çöp kutusu

почтовый ящик
posta kutusu

сад
bahçe

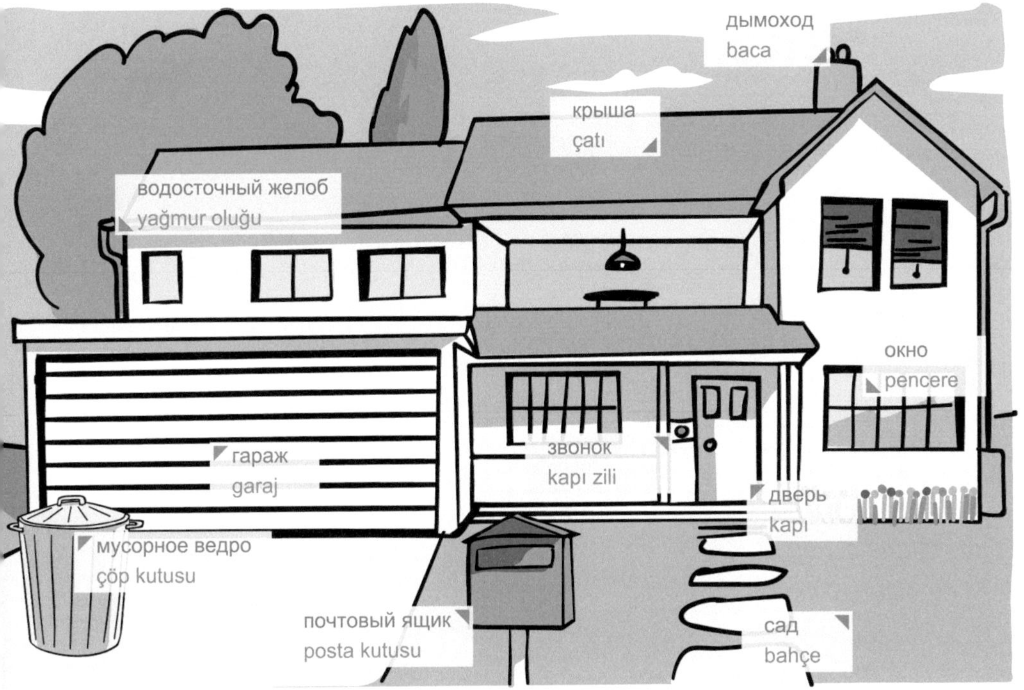

гостиная

oturma odası

ванная комната

banyo

кухня

mutfak

спальня

yatak odası

детская комната

çocuk odası

столовая

yemek odası

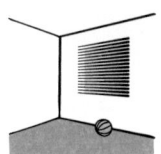

пол

zemin

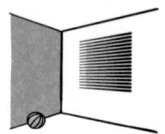

стена

duvar

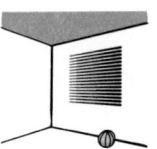

потолок

tavan

подвал

kiler

сауна

sauna

балкон

balkon

терраса

teras

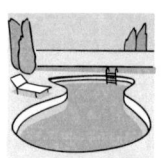

бассейн

havuz

газонокосилка

çim biçme makinesi

пододеяльник

çarşaf

покрывало

yatak örtüsü

кровать

yatak

метла

süpürge

ведро

kova

выключатель

anahtar

гостиная
oturma odası

обои
duvar kağıdı
рисунок
resim
лампа
lamba
полка
raf
шкаф
dolap
телевизор
televizyon
камин
şömine
цветок
çiçek
подушка
minder
диван
kanepe
ваза
vazo
пульт дистанционного управления
uzaktan kumanda

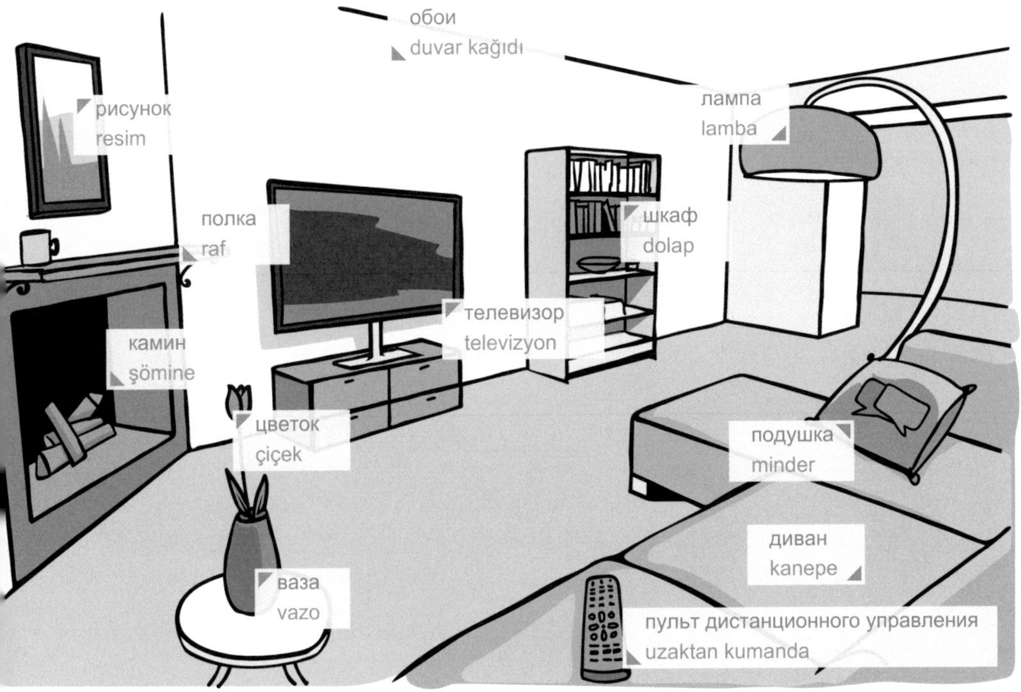

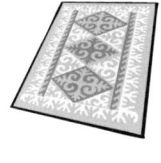

ковёр

halı

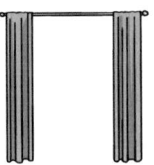

штора

perde

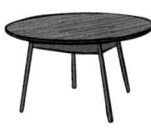

стол

masa

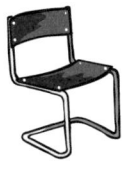

стул

sandalye

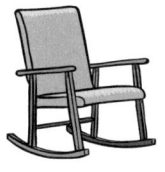

кресло-качалка

salıncaklı koltuk

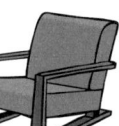

кресло

koltuk

книга

kitap

покрывало

battaniye

украшение

dekor

дрова

odun

фильм

film

стереосистема

hi-fi

ключ

anahtar

газета

gazete

картина

tablo

плакат

poster

радио

radyo

блокнот

defter

пылесос

elektrikli süpürge

кактус

kaktüs

свеча

mum

кухня
mutfak

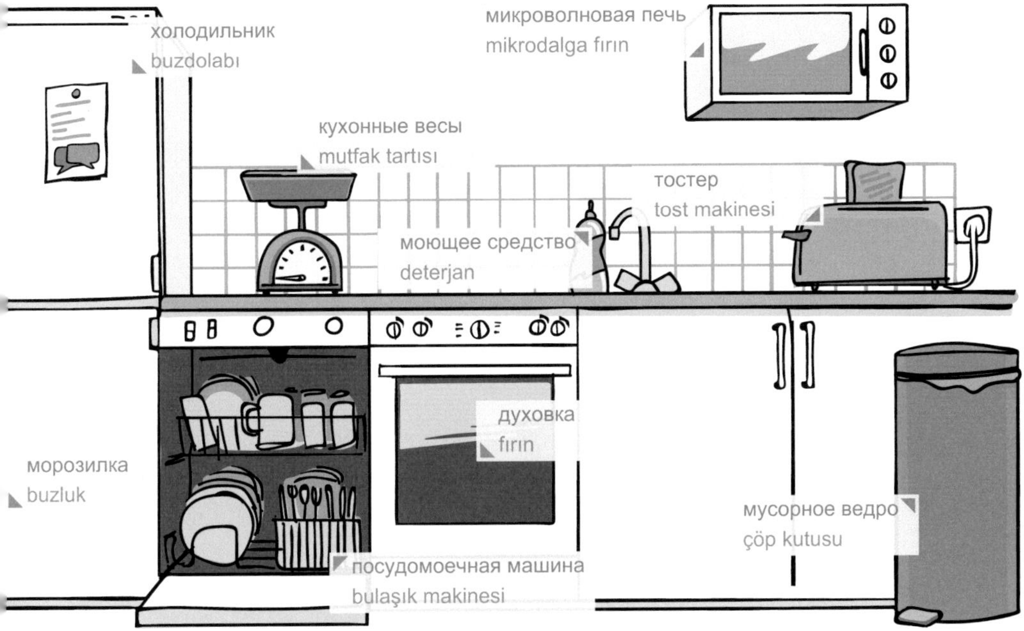

холодильник
buzdolabı
микроволновая печь
mikrodalga fırın
кухонные весы
mutfak tartısı
тостер
tost makinesi
моющее средство
deterjan
духовка
fırın
морозилка
buzluk
мусорное ведро
çöp kutusu
посудомоечная машина
bulaşık makinesi

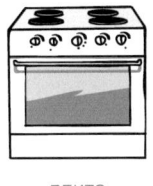

плита

ocak

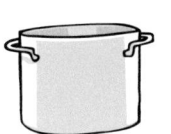

кастрюля

tencere

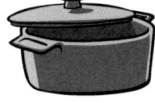

чугунный котелок

döküm tencere

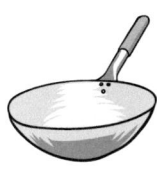

вок / кадай

wok

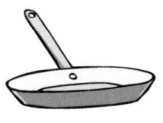

сковорода

tava

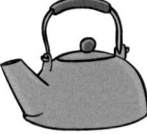

чайник

su ısıtıcı

пароварка

buharlı pişirici

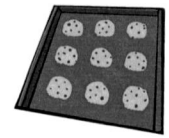

противень

pişirme tepsisi

посуда

tabak takımı

кружка

kupa

миска

kase

палочки для еды

çubuk (çin yemeği)

половник

kepçe

лопатка

spatula

сбивалка

çırpma teli

сито

süzgeç

сито

elek

тёрка

rende

ступка

havan

гриль

barbekü

костёр

açık ateş

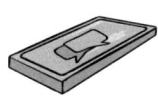

доска

kesme tahtası

скалка

merdane

штопор

tirbüşon

жестяная банка

konserve kutusu

консервный нож

konserve açacağı

прихватка

fırın eldiveni

раковина

evye

щетка

fırça

губка

sünger

миксер

blender

морозильная камера

derin dondurucu

бутылочка для кормления

biberon

кран

musluk

ванная комната

banyo

отопление
ısıtma
полотенце
havlu
пенистая ванна
köpük banyosu
душ
duş
душевая занавеска
duş perdesi
ванна
küvet
стакан
bardak
стиральная машина
çamaşır makinesi
кран
musluk
плитка
fayans
горшок
lazımlık
раковина
evye

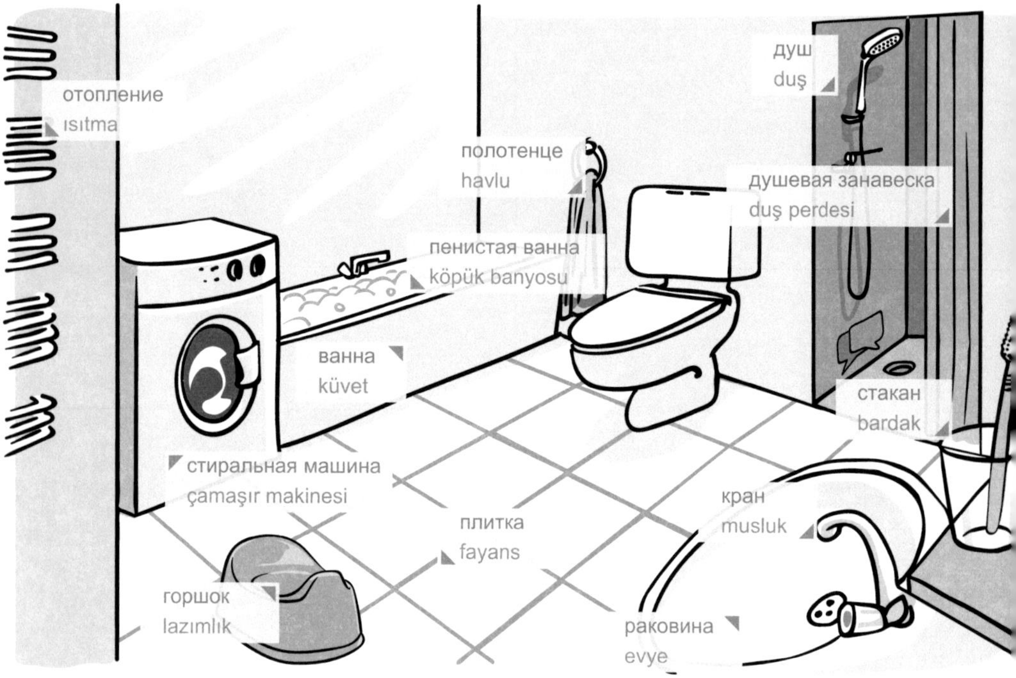

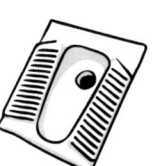

туалет

tuvalet

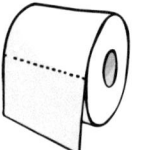

напольный унитаз

alaturka tuvalet

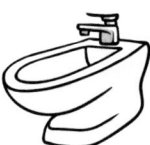

биде

bide

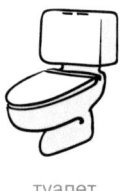

писсуар

pisuvar

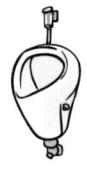

туалетная бумага

tuvalet kağıdı

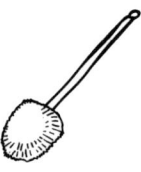

ершик

tuvalet fırçası

зубная щетка

diş fırçası

зубная паста

diş macunu

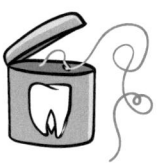

зубная нить

diş ipi

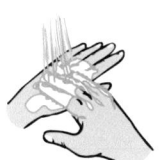

мыть

yıkamak

ручной душ

duş başlığı

интимный душ

duş başlığı şeklinde taharet musluğu

таз

küvet

щетка для спины

banyo fırçası

мыло

sabun

гель для душа

duş jeli

шампунь

şampuan

мочалка

banyo lifi

сток

gider

крем

krem

дезодорант

deodorant

зеркало

ayna

ручное зеркало

el aynası

бритва

jilet

пена для бритья

tıraş köpüğü

лосьон после бритья

tıraş losyonu

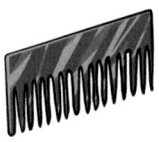

расческа

tarak

щетка

fırça

фен

saç kurutma makinesi

лак для волос

saç spreyi

косметика

makyaj

губная помада

ruj

лак для ногтей

tırnak cilası

вата

pamuk

маникюрные ножницы

tırnak makası

духи

parfüm

косметичка

makyaj çantası

табуретка

tabure

весы

tartı

халат

bornoz

резиновые перчатки

lastik eldiven

тампон

tampon

игиеническая прокладка

kadın pedi

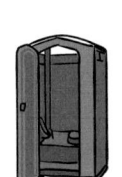

биотуалет

kimyevi tuvalet

детская комната

çocuk odası

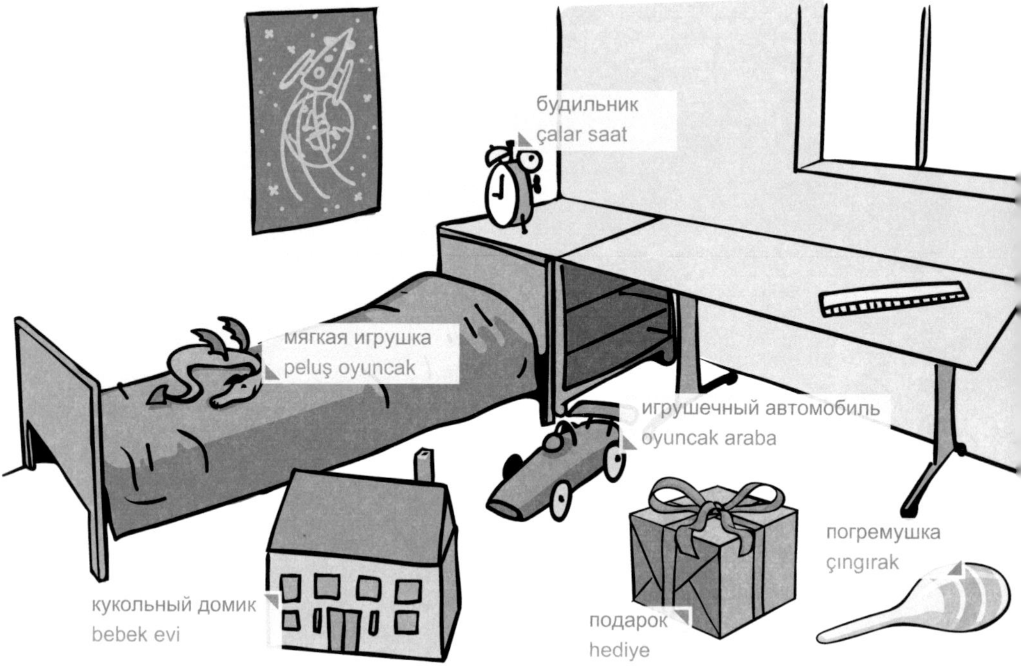

будильник
çalar saat
мягкая игрушка
peluş oyuncak
игрушечный автомобиль
oyuncak araba
погремушка
çıngırak
кукольный домик
bebek evi
подарок
hediye

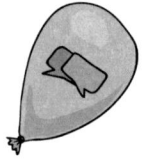

воздушный шар

balon

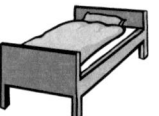

кровать

yatak

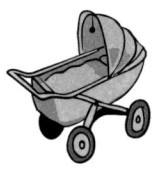

детская коляска

bebek arabası

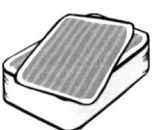

карточная игра

kart destesi

пазл

yapboz

SUPER MEGA

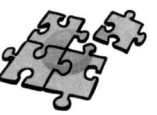

комикс

çizgi roman

кирпичики Лего

lego tuğlaları

кубики

lego blokları

игрушечная фигурка

aksiyon figürü

ползунки

zıbın

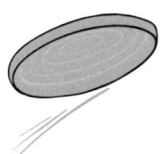

фрисби

frizbi

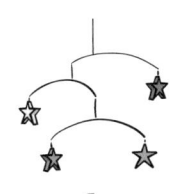

мобиле

dönence

настольная игра

masa oyunu

кубик

zar

модель железной дороги

model tren seti

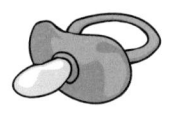

соска

emzik

вечеринка

parti

книга с картинками

resimli kitap

мяч

top

кукла

oyuncak bebek

играть

oynamak

песочница

kum havuzu

качели

salıncak

игрушка

oyuncaklar

игровая приставка

video oyun konsolu

трёхколесный велосипед

üç tekerlekli bisiklet

плюшевый медвежонок

oyuncak ayı

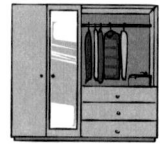

шкаф для одежды

gardırop

одежда

kıyafet

носки

çorap

чулки

külotlu çorap

колготки

tayt

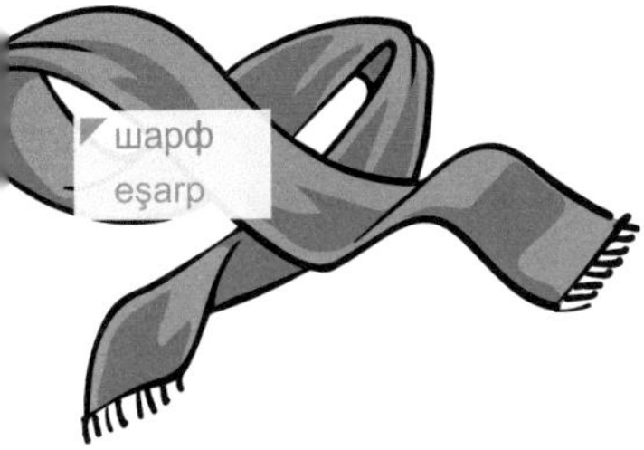

шарф
eşarp

ремень
kemer

зонтик
şemsiye

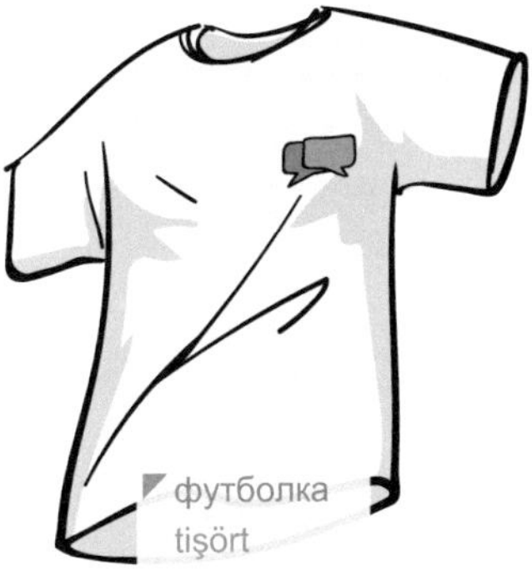

футболка
tişört

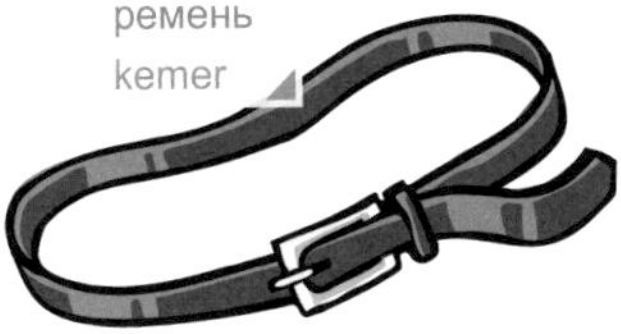

кроссовки
spor ayakkabı

сапоги
bot

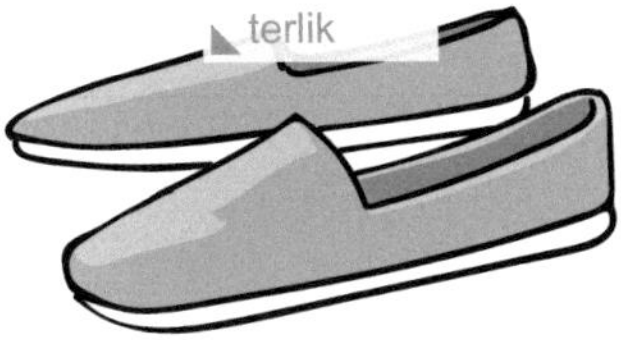

тапки
terlik

сандалии
sandalet

ботинки
ayakkabı

резиновые сапоги
lastik çizme

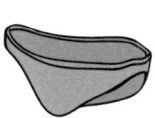

трусы
külot

бюстгальтер
sütyen

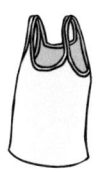

майка
yelek

боди

dar bluz

брюки

pantolon

джинсы

kot pantolon

юбка

etek

блузка

bluz

рубашка

gömlek

свитер

kazak

свитер

süveter

спортивная куртка

blazer

жакет

ceket

пальто

mont

плащ

yağmurluk

костюм

kostüm

платье

elbise

свадебное платье

gelinlik

мужской костюм

takım elbise

ночная сорочка

gecelik

пижама

pijama

сари

sari

платок

baş örtüsü

тюрбан

türban

паранджа

burka

кафтан

kaftan

абайя

çarşaf

купальник

mayo

плавки

erkek mayosu

шорты

şort

спортивный костюм

eşofman

фартук

önlük

перчатки

eldiven

пуговица

düğme

очки

gözlük

браслет

bilezik

цепочка

kolye

кольцо

yüzük

серьга

küpe

шапка

kep

вешалка

portmanto

шляпа

şapka

галстук

kravat

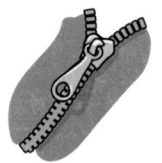

застежка молния

fermuar

шлем

kask

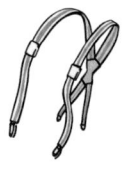

подтяжки

pantolon askısı

школьная форма

okul forması

форма

üniforma

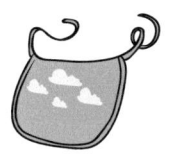

детский нагрудник

mama önlüğü

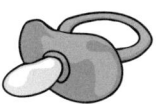

соска

emzik

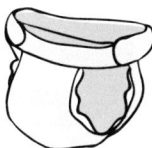

подгузник

bebek bezi

офис

ofis

сервер
sunucu
канцелярский шкаф
dosya dolabı
принтер
yazıcı
бумага
kağıt
монитор
monitör
мышь
fare
письменный стол
masa
папка
klasör
клавиатура
klavye
стул
sandalye
корзина для бумаг
kağıt çöp kutusu
компьютер
bilgisayar

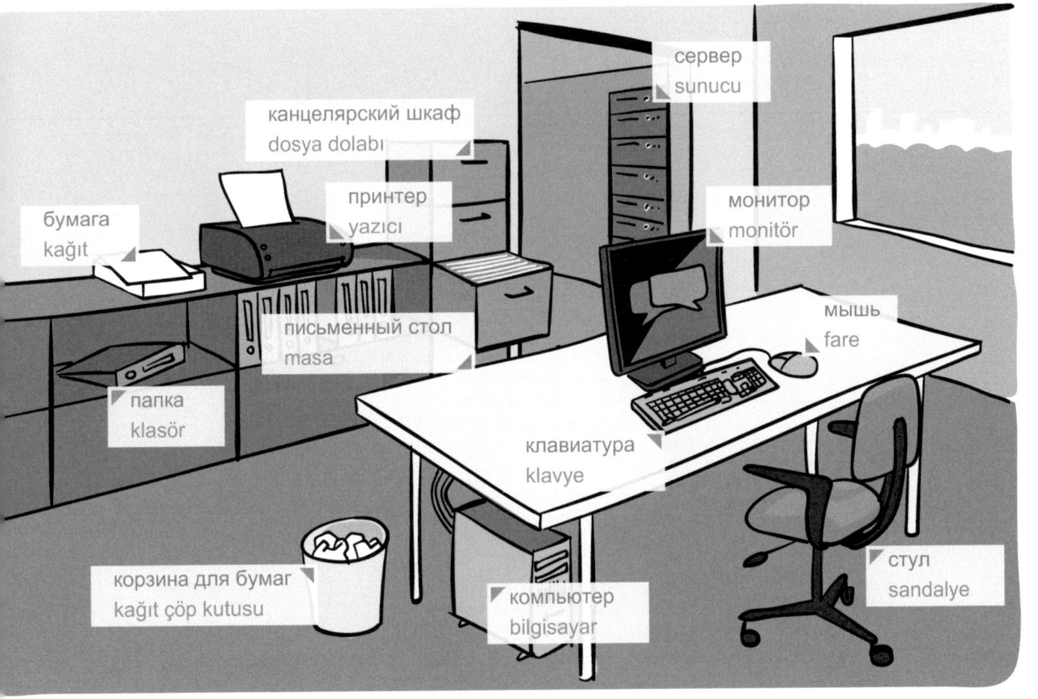

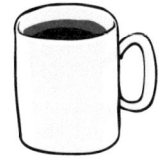

кофейная кружка

kahve fincanı

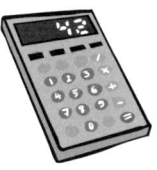

калькулятор

hesap makinesi

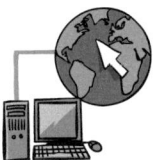

интернет

internet

ноутбук

dizüstü

письмо

mektup

сообщение

mesaj

мобильный телефон

cep telefonu

сеть

ağ

ксерокс

fotokopi makinesi

программа

yazılım

телефон

telefon

розетка

priz

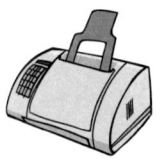

факс

faks makinesi

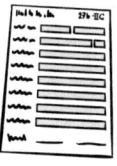

формуляр

form

документ

belge

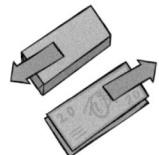

покупать

satın almak

платить

ödemek

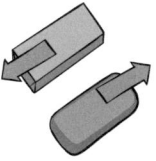

торговать

ticaret yapmak

деньги

para

доллар

dolar

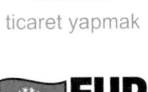

евро

avro

иена

yen

рубль

ruble

франк

İsviçre frangı

жэньминьби юань

Çin yuanı

рупия

rupi

банкомат

kasa

пункт обмена валюты

döviz bürosu

золото

altın

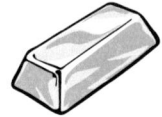

серебро

gümüş

нефть

petrol

энергия

enerji

цена

fiyat

договор

kontrat

налог

vergi

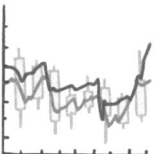

акция

menkul değer

работать

çalışmak

служащий

işveren

работодатель

işçi

фабрика

fabrika

магазин

mağaza

профессии
meslekler

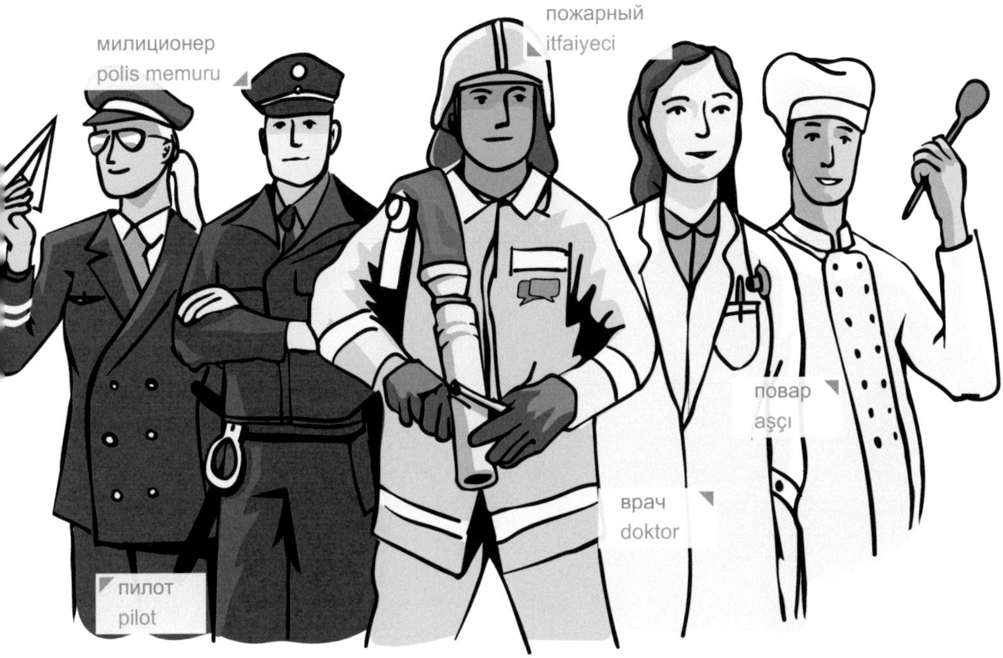
милиционер
polis memuru
пожарный
itfaiyeci
повар
aşçı
врач
doktor
пилот
pilot

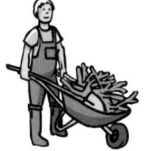

садовник

bahçıvan

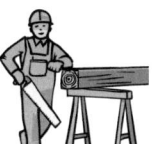

столяр

marangoz

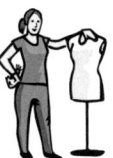

швея

terzi

судья

hakim

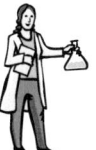

химик

kimyager

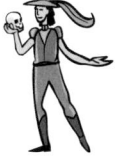

актёр

aktör

водитель автобуса

otobüs şoförü

таксист

taksi şoförü

рыбак

balıkçı

уборщица

temizlikçi

кровельщик

çatı ustası

официант

garson

охотник

avcı

художник

boyacı

пекарь

fırıncı

электрик

elektrikçi

строитель

inşaatçı

инженер

mühendis

мясник

kasap

сантехник

muslukçu

почтальон

postacı

солдат

asker

архитектор

mimar

кассир

kasiyer

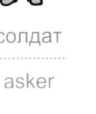

флорист

çiçekçi

парикмахер

kuaför

кондуктор

kondüktör

механик

tamirci

капитан

kaptan

зубной врач

dişçi

ученый

bilim insanı

раввин

haham

имам

imam

монах

keşiş

священник

rahip

инструменты
aletler

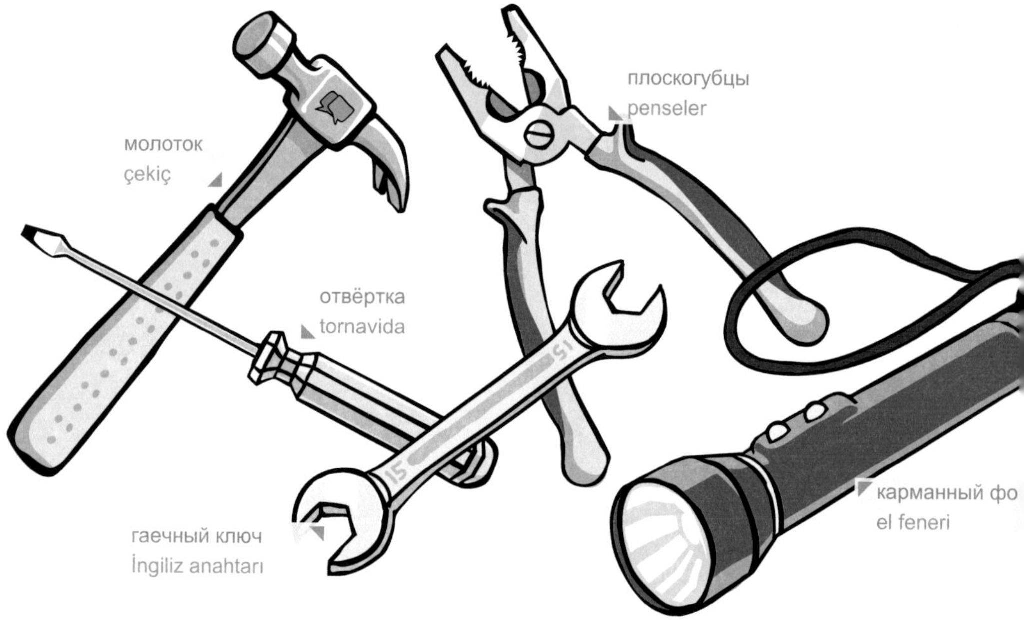
плоскогубцы
penseler
молоток
çekiç
отвёртка
tornavida
карманный фо
el feneri
гаечный ключ
İngiliz anahtarı

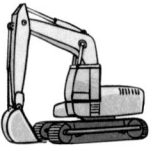

экскаватор
kazı makinesi

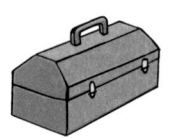

ящик для инструментов
alet çantası

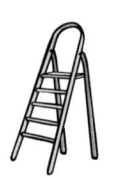

стремянка
merdiven

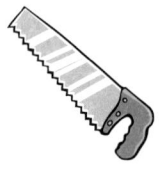

пила
testere

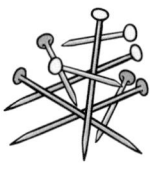

гвозди
çiviler

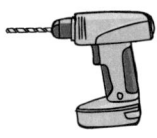

дрель
matkap

ремонтировать

tamir etmek

лопата

kürek

Блин!

Kahretsin!

совок

faraş

ведро с краской

boya tenekesi

винты

vidalar

музыкальные инструменты
müzik enstrümanı

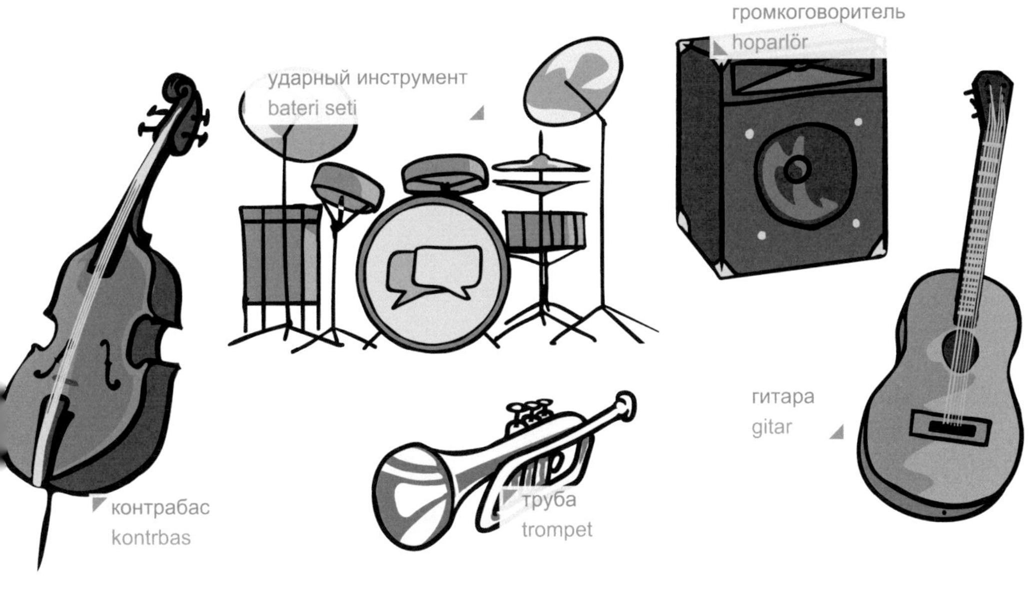

громкоговоритель
hoparlör

ударный инструмент
bateri seti

гитара
gitar

контрабас
kontrbas

труба
trompet

пианино

piyano

скрипка

keman

бас-гитара

basgitar

литавры

timpani

барабан

bateri

синтезатор

klavye

саксофон

saksafon

флейта

flüt

микрофон

mikrofon

зоопарк

hayvanat bahçesi

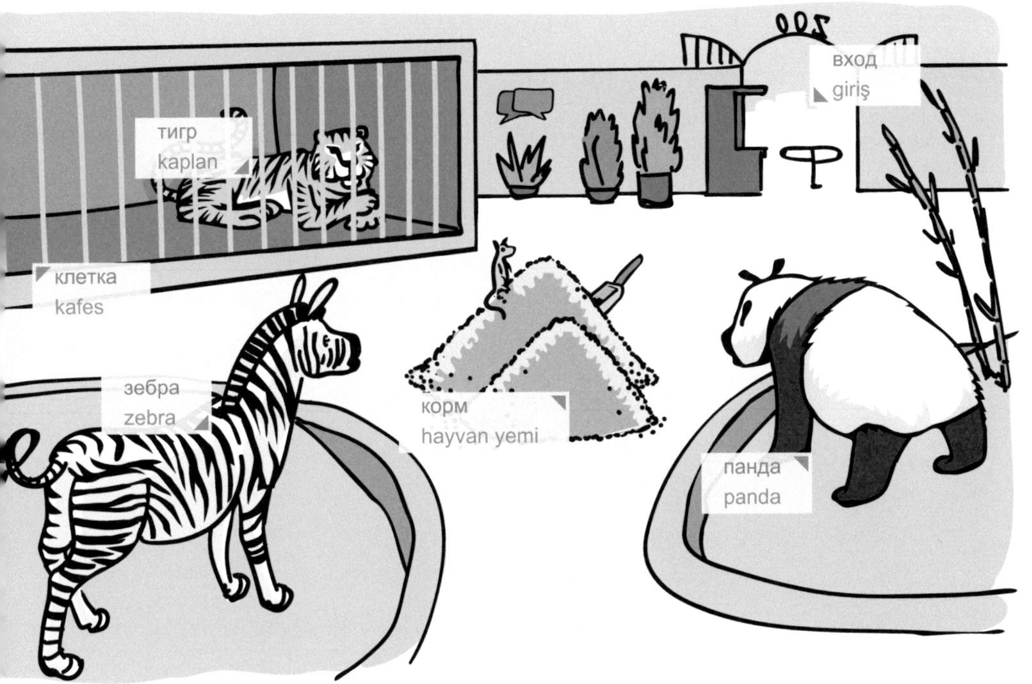

вход
giriş
тигр
kaplan
клетка
kafes
зебра
zebra
корм
hayvan yemi
панда
panda

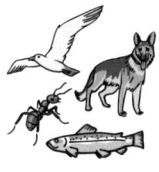

животные

hayvanlar

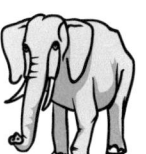

слон

fil

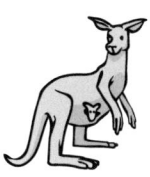

кенгуру

kanguru

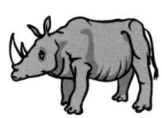

носорог

gergedan

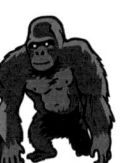

горилла

goril

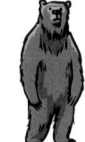

медведь

ayı

верблюд

deve

страус

deve kuşu

лев

aslan

обезьяна

maymun

фламинго

flamingo

попугай

papağan

белый медведь

kutup ayısı

пингвин

penguen

акула

köpek balığı

павлин

tavus kuşu

змея

yılan

крокодил

timsah

служитель зоопарка

hayvanat bahçesi görevlisi

тюлень

fok

ягуар

jaguar

пони

midilli atı

леопард

leopar

бегемот

su aygırı

жираф

zürafa

орёл

kartal

кабан

yaban domuzu

рыба

balık

черепаха

kaplumbağa

морж

mors

лиса

tilki

газель

ceylan

американский футбол
amerikan futbolu

езда на велосипеде
bisiklete binme

теннис
tenis

баскетбол
basketbol

плавание
yüzme

бокс
boks

хоккей
buz hokeyi

футбол
futbol

бадминтон
badminton

лёгкая атлетика
atletizm

гандбол
hentbol

лыжный спорт
kayak

поло
polo

действия
etkinlikler

прыгать
atlamak
обнимать
sarılmak
смеяться
gülmek
идти
yürümek
петь
söylemek
мечтать
hayal etmek
молиться
dua etmek
целовать
öpmek

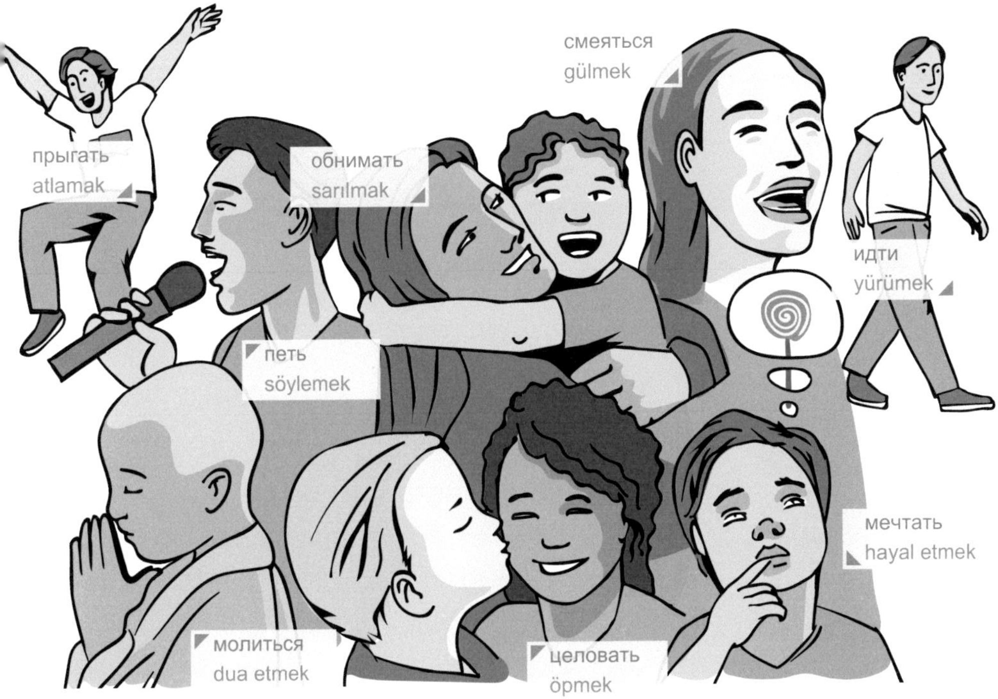

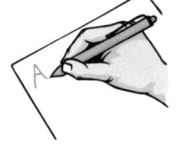

писать
yazmak

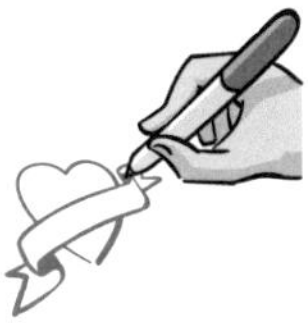

рисовать
çizmek

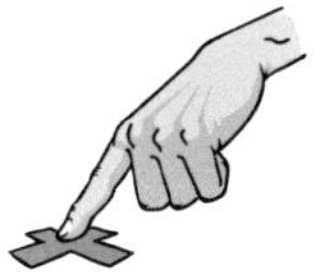

показывать
göstermek

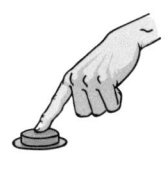

нажимать
itmek

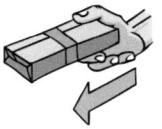

давать
vermek

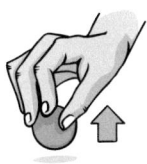

брать
almak

иметь
sahip olmak

делать
yapmak

быть
olmak

стоять
ayakta durmak

бежать
koşmak

тянуть
çekmek

бросать
atmak

падать
düşmek

лежать
yalan söylemek

ждать
beklemek

носить
taşımak

сидеть
oturmak

надевать
giyinmek

спать
uyumak

просыпаться
uyanmak

рассматривать

bakmak

плакать

ağlamak

гладить

vurmak

причесывать

taramak

говорить

konuşmak

понимать

anlamak

спрашивать

sormak

слушать

dinlemek

пить

içmek

кушать

yemek

наводить порядок

düzenlemek

любить

sevmek

готовить

pişirmek

ехать

sürmek

летать

uçmak

ходить под парусом

denize açılmak

считать

hesapla

читать

okumak

учиться

öğrenmek

работать

çalışmak

вступать в брак

evlenmek

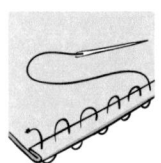

шить

dikmek

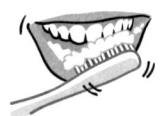

чистить зубы

diş fırçalamak

убивать

öldürmek

курить

sigara içmek

отправлять

yollamak

семья

aile

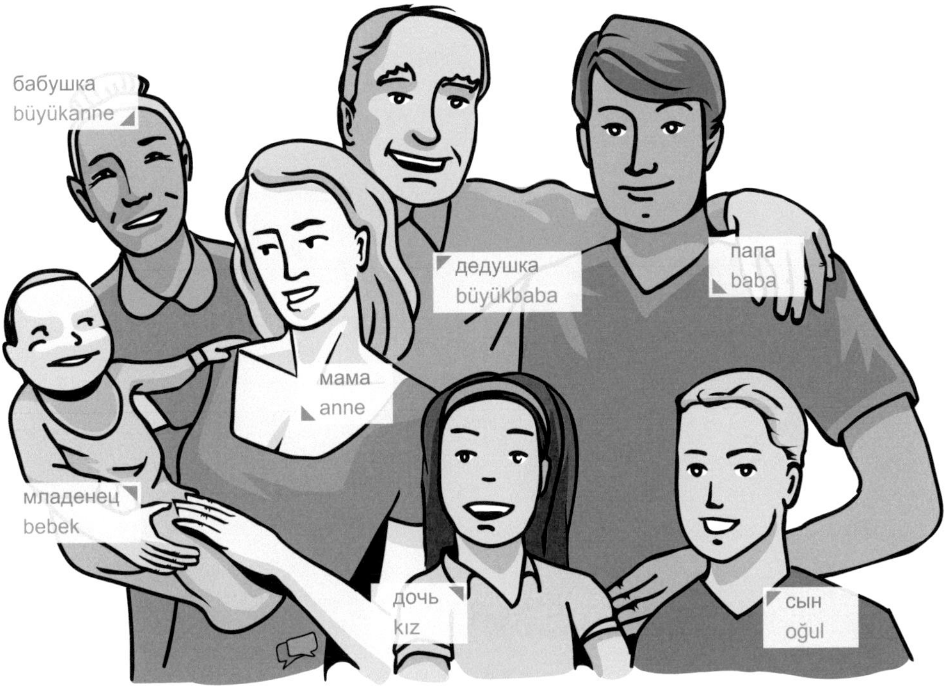

бабушка
büyükanne
дедушка
büyükbaba
папа
baba
мама
anne
младенец
bebek
дочь
kız
сын
oğul

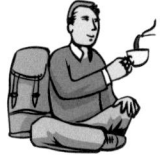

гость

misafir

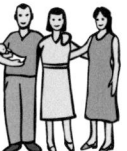

тетя

teyze

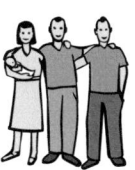

дядя

amca

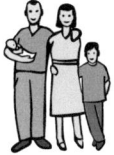

брат

erkek kardeş

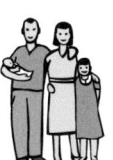

сестра

kız kardeş

тело

vücut

лоб
alın
глаз
göz
плечо
omuz
палец
parmak
лицо
yüz
подбородок
çene
кисть
el
грудь
göğüs
нога
bacak
рука
kol

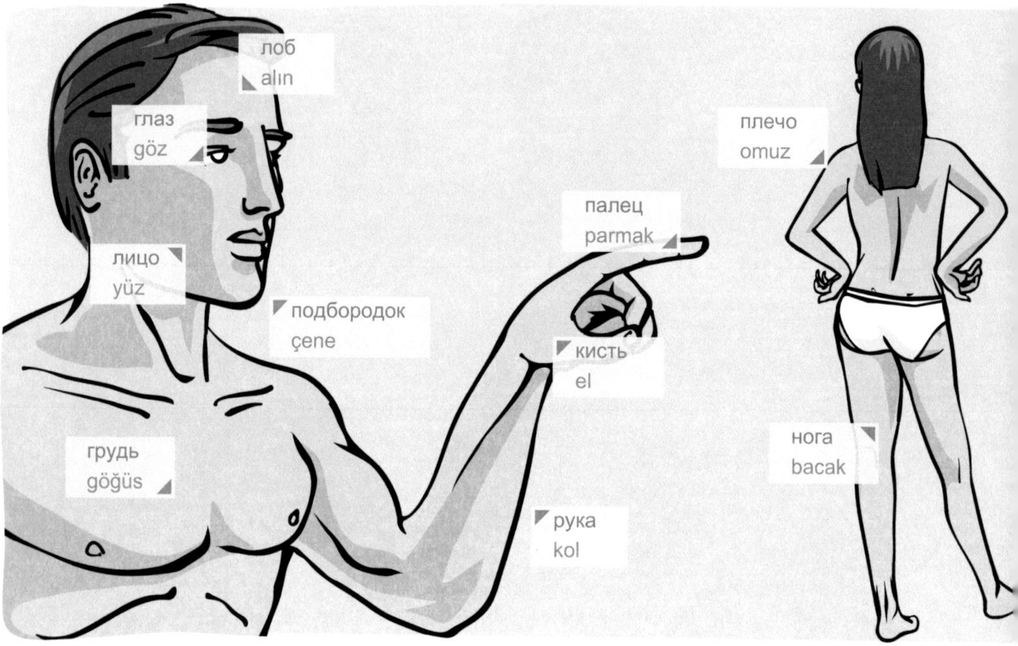

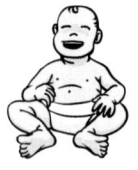

младенец

bebek

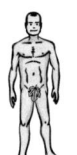

мужчина

adam

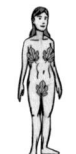

женщина

kadın

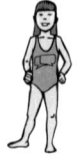

девочка

kız

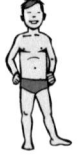

мальчик

erkek çocuk

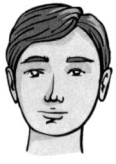

голова

baş

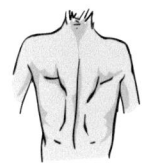

спина

sırt

живот

karın

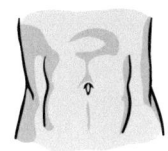

пупок

göbek

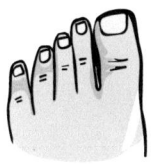

палец ноги

ayak parmağı

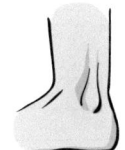

пятка

topuk

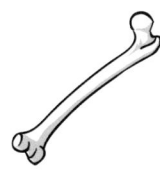

кость

kemik

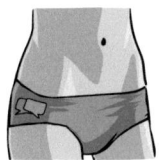

бедро

kalça

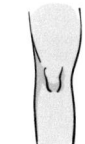

колено

diz

локоть

dirsek

нос

burun

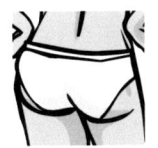

ягодицы

kalça

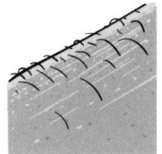

кожа

deri

щека

yanak

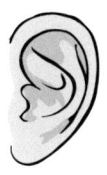

ухо

kulak

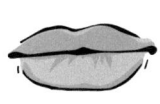

губа

dudak

рот

ağız

зуб

diş

язык

dil

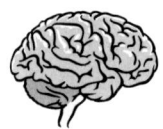

мозг

beyin

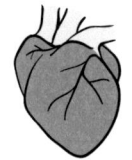

сердце

kalp

мышца

kas

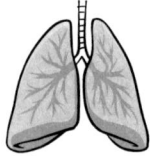

лёгкое

akciğer

печень

karaciğer

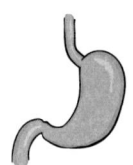

желудок

mide

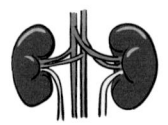

почки

böbrekler

половой акт

seks

презерватив

prezervatif

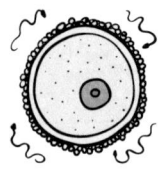

яйцеклетка

yumurtalık

сперма

sperm

беременность

hamilelik

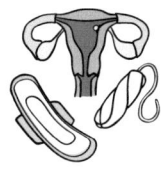

менструация

regl

вагина

vajina

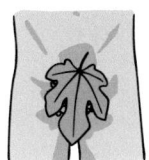

пенис

penis

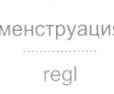

бровь

kaş

волосы

saç

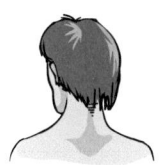

шея

boyun

больница
hastane

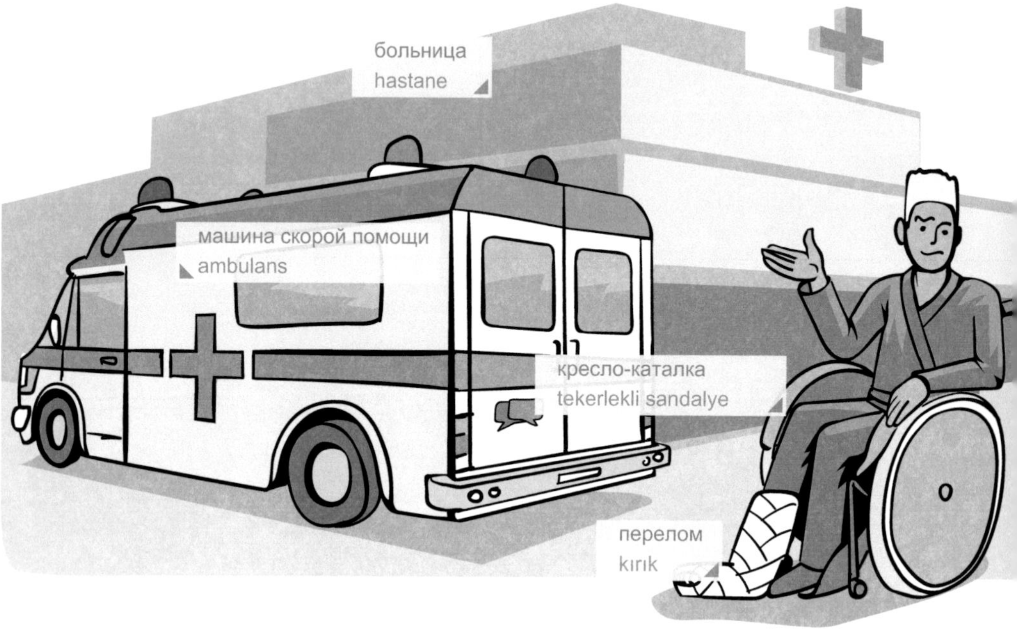

больница
hastane
машина скорой помощи
ambulans
кресло-каталка
tekerlekli sandalye
перелом
kırık

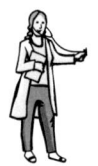

врач

doktor

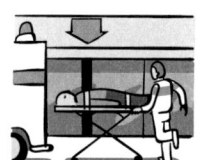

пункт первой помощи

acil servis

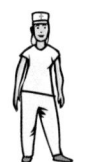

медсестра

hemşire

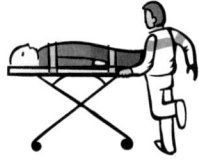

неотложный случай

acil

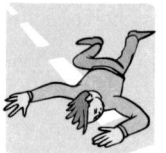

без сознания

baygın

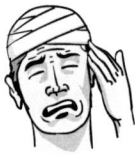

боль

acı

повреждение

yaralanma

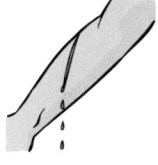

кровотечение

kanama

инфаркт

kalp krizi

инсульт

felç

аллергия

alerji

кашель

öksürük

овышенная температура

ateş

грипп

grip

понос

ishal

головная боль

baş ağrısı

рак

kanser

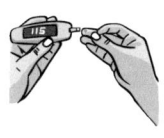

диабет

şeker hastalığı

хирург

cerrah

скальпель

neşter

операция

operasyon

больница - hastane

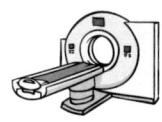

КТ

bilgisayarlı tomografi

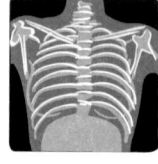

рентген

röntgen

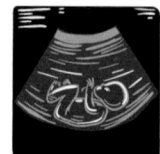

ультразвук

ultrason

маска

yüz maskesi

болезнь

hastalık

приёмная

bekleme odası

костыль

koltuk değneği

пластырь

yara bandı

бинт

bandaj

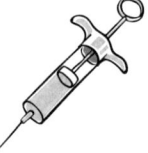

укол

enjeksiyon

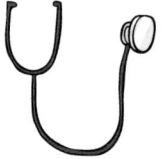

стетоскоп

steteskop

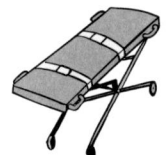

носилки

sedye

термометр

tıbbi termometre

рождение

doğum

избыточный вес

fazla kilo

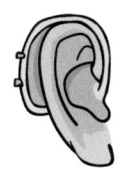

слуховой аппарат

işitme cihazı

дезинфекционное средство
dezenfektan

инфекция

enfeksiyon

вирус

virüs

ВИЧ / СПИД

HIV / AIDS

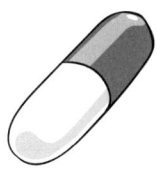

лекарство

ilaç

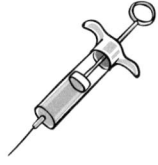

прививка

aşı

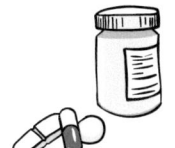

таблетки

tablet

противозачаточная таблетка

hap

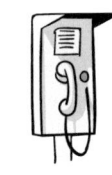

экстренный вызов

acil çağrı

прибор для измерения кровяного давления

tansiyon aleti

больной / здоровый

hasta / sağlıklı

Помогите!

İmdat!

сигнал тревоги

alarm

нападение

darp

атака

saldırı

опасность

tehlike

запасной выход

acil çıkış

Пожар!

Yangın!

огнетушитель

yangın tüpü

несчастный случай

kaza

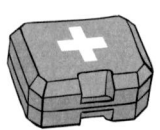

аптечка

ilk yardım çantası

SOS

imdat

милиция

polis

Европа

Avrupa

Северная Америка

Kuzey Amerika

Южная Америка

Güney amerika

Африка

Afrika

Азия

Asya

Австралия

Avustralya

Атлантический океан

Atlantik

Тихий океан

Pasifik

Индийский океан

Hint Okyanusu

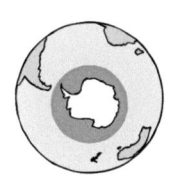

Антарктический океан

Antarktika Okyanusu

Северный Ледовитый
океан
Arktik Okyanusu

Северный полюс

Kuzey Kutbu

Южный полюс

Güney Kutbu

Антарктика

Antarktika

земля

dünya

суша

kara

море

deniz

остров

ada

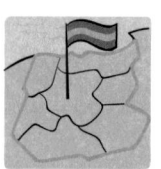

нация

ulus

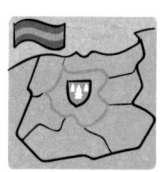

государство

ülke

циферблат

kadran

часовая стрелка

akrep

минутная стрелка

yelkovan

секундная стрелка

saniye ibresi

Который час?

Saat kaç?

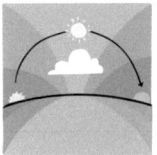

день

gün

время

zaman

сейчас

şimdi

электронные часы

dijital saat

минута

dakika

час

saat

понедельник
Pazartesi

среда
Çarşamba

пятница
Cuma

вторник
Salı

четверг
Perşembe

суббота
Cumartesi

воскресенье
Pazar

вчера
dün

сегодня
bugün

завтра
yarın

утро
sabah

полдень
öğle

вечер
akşam

рабочие дни
iş günleri

выходные
hafta sonu

дождь
yağmur

радуга
gökkuşağı

снег
kara

ветер
rüzgar

весна
bahar

осень
sonbahar

лето
yaz

зима
kış

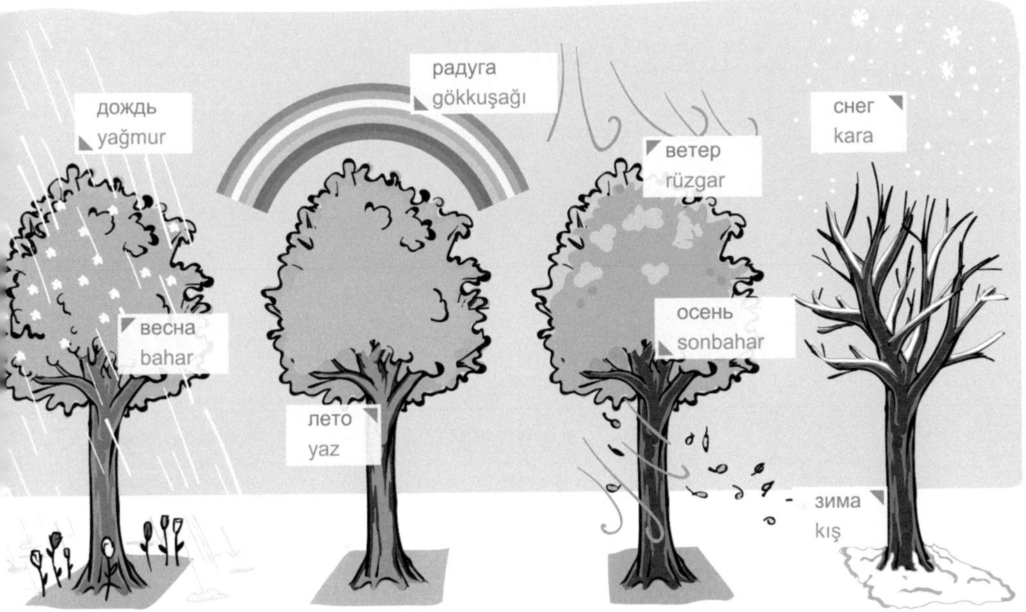

прогноз погоды

hava durumu tahmini

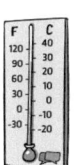

термометр

termometre

солнечный свет

güneş ışığı

туча

bulut

туман

sis

влажность воздуха

nem

4.APRIL	11°	
5.APRIL	4°	
6.APRIL	13°	
7.APRIL	8°	
8.APRIL	10°	

молния

şimşek

гром

gök gürültüsü

буря

fırtına

град

dolu

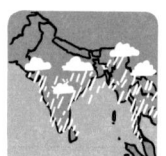

муссон

muson

наводнение

sel

лёд

buz

январь

Ocak

февраль

Şubat

март

Mart

апрель

Nisan

май

Mayıs

июнь

Haziran

июль

Temmuz

август

Ağustos

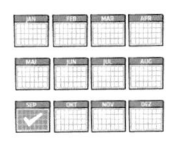

сентябрь

Eylül

октябрь

Ekim

ноябрь

Kasım

декабрь

Aralık

формы
şekiller

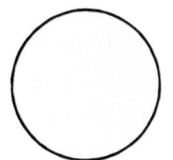

круг

daire

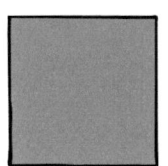

квадрат

kare

прямоугольник

dikdörtgen

треугольник

üçgen

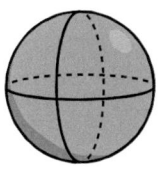

шар

küre

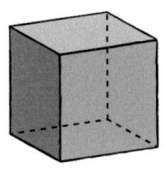

куб

küp

белый

beyaz

желтый

sarı

оранжевый

turuncu

розовый

pembe

красный

kırmızı

лиловый

mor

синий

mavi

зелёный

yeşil

коричневый

kahverengi

серый

gri

черный

siyah

много / мало

çok / az

яростный / мирный

kızgın / sakin

красивый / уродливый

güzel / çirkin

начало / конец

başlangıç / son

большой / маленький

büyük / küçük

светлый / темный

parlak / karanlık

брат / сестра

erkek kardeş / kız kardeş

чистый / грязный

temiz / kirli

полный / неполный

tamam / eksik

день / ночь

gün / gece

мёртвый / живой

ölü / canlı

широкий / узкий

geniş / dar

съедобный / несъедобный

yenilebilir / yenilemez

злой / дружелюбный

kötü / iyi

взволнованный /
скучающий
heyecanlı / sıkılmış

толстый / худой

şişman / zayıf

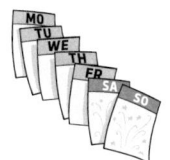

сначала / в конце

ilk / son

друг / враг

dost / düşman

полный / пустой

dolu / boş

твёрдый / мягкий

sert / yumuşak

тяжёлый / легкий

ağır / hafif

голод / жажда

açlık / susuzluk

больной / здоровый

hasta / sağlıklı

незаконный / законный

yasa dışı / yasal

умный / глупый

zeki / aptal

слева / справа

sol / sağ

близко / далеко

yakın / uzak

новый / подержанный

yeni / kullanılmış

ничто / нечто

hiçbir şey / bir şey

старый / молодой

yaşlı / genç

включено / выключено

açma / kapama

открыто / закрыто

açık / kapalı

тихо / громко

sessiz / gürültülü

богатый / бедный

zengin / fakir

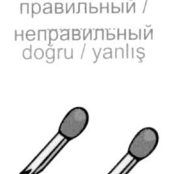

правильный /
неправильный
doğru / yanlış

шероховатый / гладкий

pürüzlü / düz

печальный / счастливый

üzgün / mutlu

короткий / длинный

kısa / uzun

медленный / быстрый

yavaş / hızlı

мокрый / сухой

ıslak / kuru

тёплый / прохладный

sıcak / serin

война / мир

savaş / barış

противоположности - zıt anlamlılar

sayılar

0

ноль

sıfır

1

один

bir

2

два

iki

3

три

üç

4

четыре

dört

5

пять

beş

6

шесть

altı

7

семь

yedi

8

восемь

sekiz

9

девять

dokuz

10

десять

on

11

одиннадцать

on bir

12

двенадцать

on iki

13

тринадцать

on üç

14

четырнадцать

on dört

15

пятнадцать

on beş

16

шестнадцать

on altı

17

семнадцать

on yedi

18

восемнадцать

on sekiz

19

девятнадцать

on dokuz

20

двадцать

yirmi

100

сто

yüz

1.000

тысяча

bin

1.000.000

миллион

milyon

английский

İngilizce

американский английский

Amerikan İngilizcesi

мандаринский китайский

Çince (Mandarin)

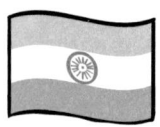

хинди

Hintçe

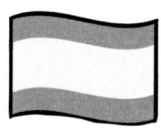

испанский

İspanyolca

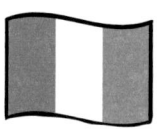

французский

Fransızca

арабский

Arapça

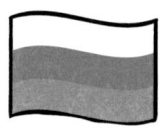

русский

Rusça

португальский

Portekizce

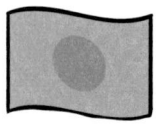

бенгальский

Bengalce

немецкий

Almanca

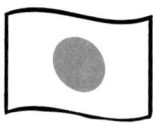

японский

Japonca

я
ben

ты
sen

он / она / оно
o

мы
biz

вы
siz

они
onlar

кто?
kim?

что?
ne?

как?
nasıl?

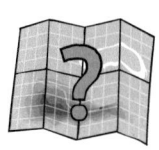

где?
nerede?

когда?
ne zaman?

имя
isim

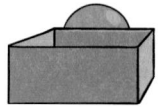

за

arkasında

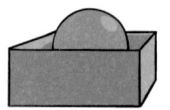

в

içinde

перед

önünde

над

üzerinde

на

üstünde

под

altında

рядом

yanında

между

arasında

место

yer